AF596610

DE VILLEMESSANT

RÉDACTEUR EN CHEF

PARIS

AU

JOUR LE JOUR

PAR

PIERRE ET JEAN

1er VOLUME

5 FÉVRIER 1860

1 FRANC

AUX BUREAUX DU FIGARO

[illegible], boul. Montmartre (Maison Frascati)

PARIS

AU

JOUR LE JOUR

Sous ce titre, qu'on nous permettra de trouver piquant, nous commençons aujourd'hui dans le *Figaro*, et nous continuerons chaque semaine, s'il plaît à Dieu et à nos lecteurs, une série d'articles qui, le 5 de chaque mois, seront réunis en un petit volume. Outre les ar-

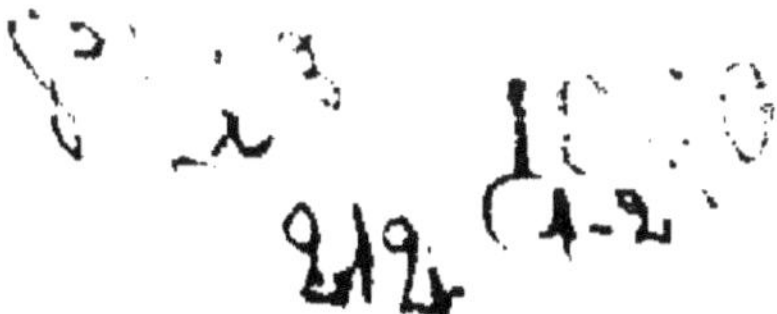

ticles déjà publiés, ces volumes contiendront à la fois une surprise littéraire du dernier galant, et nul doute qu'ils ne se vendent comme du pain.

Mais ne recommençons pas la fable de *Perrette et le pot au lait*, car si nous n'amusons pas la galerie, le public saura bien nous le faire comprendre, auquel cas nous cesserons de l'ennuyer, ce qui sera une preuve éclatante que nous ne manquons pas absolument de tact, de jugement et d'esprit.

Nous nous mettons deux pour faire ce travail, et si nous prenons un masque, c'est un peu parce que nous touchons au carnaval et beaucoup pour avoir le droit de mêler notre voix à celles de nos excellents confrères et bons amis, lorsqu'ils se donneront le plaisir de dire le plus de mal possible de vos serviteurs.

PIERRE et JEAN.

Cela posé, entrons en matière.

1er janvier 1860. — Une partie de la population parisienne était convaincue que l'autorité avait pris les mesures nécessaires pour que le vieux mur d'enceinte s'écroulât hier au soir, au premier coup de minuit, comme on voit, à l'Opéra, s'abîmer et disparaître le palais de Jean de Leyde, au cinquième acte du *Prophète.*

Une foule considérable stationnait devant les principales barrières. Les marchands de coco et les allumeurs de cigare circulaient dans les groupes ; une multitude de joueurs d'orgue de Barbarie écorchaient le *miserere* du *Trovatore*, chef-d'œuvre d'Escudierdi. Les voitures soumises à un droit d'octroi attendaient patiemment à la file que minuit leur permît d'entrer sans rien payer.

Enfin, la nouvelle année va commencer ; minuit sonne ; la foule attend le coup de théâtre... MM. les douaniers mettent modestement leurs sondes sous leurs bras gauche et se retirent en bon ordre vers les fortifications, où l'agrandissement de Paris les exile désormais. Des poètes inconnus ont salué ce départ d'une chanson improvisée, qui se chante sur l'air national des *Lampions*.

Pendant toute la nuit, les joueurs d'orgue ont continué à écorcher le *Trovatore*, chef-d'œuvre d'Escudierdi.

. . . .

— La loi récemment votée sur les titres de noblesse a porté ses fruits, ce qui explique les changements notables survenus dans la rédaction des cartes de visite reçues à l'occasion du nouvel an.

Plusieurs Du Bois de notre connaissance sont redevenus de simples Dubois; cinq ou six Du Mont se sont transformés en Dumont tout court. Madame La B^onne^ de Civray s'appelle à présent madame Labonne (de Civray), et M. le C^e^ de Libourne n'est plus désormais que Lecomte (de Libourne). Les masques tombent ; les gentilshommes s'évanouissent ; on commence à reconnaître qu'on a eu des aïeux négociants en savon, en fromage et en chandelles. Après avoir soutenu *mordicus* que feu son père montait dans les carrosses du roi Louis XVIII, X... reconnaît aujourd'hui, avec beaucoup de bonne grâce, que l'auteur de ses jours montait en réalité derrière lesdits carrosses.

— M. Alexandre Dumas fils part ce soir pour Rome. Il sera présenté au pape. Puisse-t-il nous revenir chargé d'indulgences. Il suffit en effet de l'avoir ouï s'exprimer une seule fois sur le compte de ses confrères pour savoir que sa petite provision est épuisée depuis longtemps.

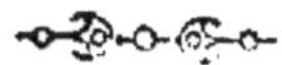

2 janvier. — Les directeurs de théâtre sont reçus par M. le ministre d'État. Conformément à l'usage établi, depuis que l'Opéra fait parti de la maison de l'Empereur, M. Alphonse Royer, en sa qualité de directeur de l'Académie impériale de musique, est reçu seul et avant ses confrères, qui sont admis en bloc.

Grâce à l'annexion de la banlieue, les directeurs de Belleville, de Montmartre, de Grenelle et de Vaugirard ont été autorisés à se joindre à leurs collègues de Paris, et ils n'ont eu garde d'y manquer. Au moment où ils pénètrent dans le cabinet du ministre, on observe que ces dignes fonctionnaires sont en proie à une vive émotion inséparable d'un premier début. Ils sont d'ailleurs vêtus irréprochablement. Cependant l'huissier de service croit remarquer que, à eux quatre, ils ne possèdent que deux paires de gants blancs, qui lui semblent avoir déjà servi.

— Première représentation, au Théâtre-Italien, de *Margherita la Mendicante*, opéra en trois actes de M. Braga, qui ne manque pas de talent, mais qui manque d'invention et d'originalité. Notre savant chimiste Mialhe ayant analysé un finale de M. Braga, l'a décomposé de la façon suivante :

Bellini.	10	parties.
Donizetti. . . .	15	—
Mercadante . .	25	—
Verdi	45	—
Braga.	5	—

Le lion de la soirée a été M. le comte de Lauriston, placé à l'orchestre, et qui n'avait reparu dans aucune salle de spectacle depuis sa double rencontre avec M. de Galiffet. Toutes les lorgnettes étaient braquées sur l'honorable comte, qui n'a lorgné personne.

— Un de mes amis m'a envoyé son portrait photographié, en guise de carte de visite. Mon ami est vêtu de noir ; il a une cravate blanche ; il porte son chapeau à la main ; il a l'œil grave et la bouche mélancolique. J'ai brûlé mon ami : il avait l'air de suivre mon convoi.

3 janvier. — On pensait trouver dans le *Moniteur* de ce jour une liste de nominations et de promotions dans l'ordre impérial de la Légion d'honneur, dédiées aux lettres et aux arts, espoir qui ne s'est point réalisé.

Dès sept heures du matin, le peintre Galimard, l'auteur célèbre de la *Léda* au blanc de céruse, se promenait fiévreusement sous les arcades de l'Odéon, guettant l'arrivée des marchandes de journaux.

Le premier numéro du *Moniteur* vendu à la Librairie-Nouvelle a été acheté par M. Francisque Sarcey (de Gouttières).

Longtemps avant que l'aurore aux doigts de rose eût entr'ouvert les portes de l'Orient, M. Auguste Supersac avait sonné son valet de chambre, s'était fait habiller et accommoder, avait fait seller sa meilleure trotteuse et s'était dirigé, plein d'espoir, vers le n° 13 du quai Voltaire, où sont situés les bureaux du journal officiel.

A ces déceptions et à beaucoup d'autres, il faut ajouter le désappointement de M. Adolphe d'Ennery, qui s'imaginait être promu commandeur pour ses étrennes.

— Mais, lui dit quelqu'un, vous avez été nommé officier le 15 août, et je me demande ce que vous avez fait depuis cette époque...

— J'ai fait des démarches et le *Marchand de Coco*.

— Jean Rousseau, rédacteur du *Figaro*, dans un accès de génie, baptise M. Francisque Sarcey, rédacteur de l'*Opinion nationale*, Francuistre Sarcey. Les personnes les plus considérables viennent féliciter Jean Rousseau d'une si heureuse trouvaille, et M. Hippolyte Cogniard, directeur des Variétés, s'empresse de lui offrir une entrée perpétuelle à son théâtre.

4 janvier. — De tous les bipèdes, avec ou sans plumes, le Parisien est celui qui se laisse le plus facilement plumer, et l'on peut dire de lui comme du lapin : « Il demande à être écorché vif. »

Ce qui semble invraisemblable et ce qui est vrai, pourtant, c'est que la mansuétude des détroussés augmente en proportion de la rapacité des détrousseurs. Afin de contenter tout le monde et dans le but d'entendre dire qu'on fait bien les choses, on en viendra à dépenser son revenu de douze mois le premier jour de chaque année.

Il y a quinze ans, on donnait quarante sous à son garçon coiffeur, et il vous baisait les mains. Aujourd'hui, ces *gentlemen* exposent à votre vue un bassin d'argent dans lequel figurent un ou deux billets de cent francs, une douzaine de doubles louis et une vingtaine de louis de vingt francs. Si, par hasard, un client audacieux se permet de déposer une pièce de cinq francs dans le bassin, ils la font disparaître aussitôt, afin que les autres ne soient pas pervertis par le mauvais exemple.

En présence des doubles louis exposés dans le plateau de l'illustre Lespès, mon coiffeur ordinaire, je me suis senti humilié ; j'ai sollicité du maître clerc et obtenu la faveur de faire un règlement à quatre-vingt-dix jours.

Dans ma maison, c'est encore pis.

— *Croireriez*-vous, m'a dit la portière, que le locataire du deuxième étage ne m'a donné que cent cinquante francs ! C'est dégoûtant, et je me plaindrai au propriétaire.

— L'affaire de M. le procureur impérial contre M. Vriès a été appelée aujourd'hui et continuée à huitaine. Ce charlatan, qui n'est ni noir ni docteur, d'où son surnom de docteur noir, a déployé, pendant un long interrogatoire, l'habileté profonde et les ruses incessantes d'un sauvage de Fenimore Cooper. Mais le plus maltraité de la compagnie, ç'a été M. Adolphe Sax, qui a eu le tort de revenir à la vie malgré la Faculté. Les uns ont soutenu qu'il n'avait jamais été malade, les autres ont affirmé que son état n'a jamais été grave et d'autres encore qu'il n'avait jamais été guéri.

Ce petit débat, qui se passait en présence de M. Sax, a dû lui causer bien de l'agrément.

Il a été dit par M. le président que les cantiques entonnés par certains journalistes en l'honneur du docteur noir n'étaient pas précisément des cantiques gratuits. Est-ce qu'il n'y aurait pas moyen de connaître les noms, s'ils existent réellement, de ces frères quêteurs de la presse parisienne ?

5 janvier. — Première exhibition, dans la salle Herz, de trois petits bonshommes hauts de trente-quatre, de trente-deux et de trente pouces, sous la direction du frère de mademoiselle Rachel. Cela chante des romances et des chansonnettes avec des voix de cigales en rut. C'est un spectacle amusant, et ces nains ont certainement un mérite, — celui d'avoir inspiré à Théophile Gautier une colonne de prose délicieuse dans le feuilleton du *Moniteur*. Ils apprennent en ce moment les *Deux Aveugles* pour les chanter, dit-on, sur la scène des Bouffes-Parisiens.

— Voici que Paris se met à suivre l'exemple de Lyon, et qu'on signe dans plusieurs arrondissements des pétitions qui ne tarderont pas à être adressées au Corps législatif. Les pétitionnaires demandent que tout célibataire mâle, âgé de quarante ans, soit soumis à une taxe proportionnée à ses ressources et à ses moyens d'existence Le produit de cet impôt serait partagé entre les filles sans dot et leur permettrait de se payer le luxe d'un époux.

Nous apprenons que l'honorable corps des célibataires ayant atteint ou dépassé la quarantaine, vient de nommer une commission chargée de défendre les intérêts généraux.

Ont été élus au premier tour de scrutin, MM. Véron, président; de Saint-Georges, vice-président; Nestor Roqueplan, trésorier; Auguste Villemot, rapporteur; Siraudin et Gustave Claudin, secrétaires.

M. Auguste Villemot *pioche* déjà son rapport.

— Les nouveaux kiosques pour la vente des journaux sont définitivement installés. Ils sont éclairés au gaz et brûlent toute la nuit. Ce sont autant de phares qui, rapprochés à des distances égales, produisent sur toute la ligne des boulevards des jeux de lumière d'un effet vraiment merveilleux.

Ce qui est moins gracieux, c'est que l'industriel qui a la concession de ces phares veut faire payer son gaz et ses enjolivements par les marchands de journaux, qu'il prétend frapper arbitrairement d'une contribution annuelle de quatre-vingt-dix francs.

Dans le cas où l'on s'imaginerait que cette profession est aussi lucrative que celle d'assesseur d'agent de change, on commettrait une erreur grossière. Aussi élevons-nous la voix en faveur de ces pauvres gens, et faisons-nous des vœux pour que leurs plaintes légitimes arrivent à l'oreille du cadi.

— Causons une certaine surprise à M. Perrot de Renneville, sous-chef du bureau des théâtres, au ministère d'Etat, en lui apprenant ce qu'il sait aussi bien que nous, à savoir que, parmi les visiteurs inscrits sur son livre, chez le concierge du ministère, on lit les quatre noms suivants :

Léonie Chéreau. *Jean Fétis.*
Georges Prieur. *Angélina Lemoine.*

6 janvier. — On colporte la nouvelle que M. Nestor Roqueplan songerait à se démettre de ses fonctions de directeur de l'Opéra-Comique ; on assure même qu'il serait en marché pour la vente de son privilége.

Il faut, hélas ! convenir que son étoile avait pâli et que le succès ne répondait plus à ses nobles et courageux efforts. Quel homme actif cependant ! Impossible de mettre la main sur cet impressario devenu invisible par l'excès même de son activité. La postérité, moins ingrate qu'on ne veut bien le dire, n'oubliera pas qu'il engagea le grand ténor Montaubry, à raison de quarante-cinq mille francs par an seulement, pendant cinq ans, et sous la garantie d'un dédit formidable. La postérité dira encore qu'il fit représenter le *Pardon de Ploërmel*, *Yvonne* et les *Trois Nicolas*. Heureux les lutteurs qui ont acquis le droit de se reposer après le triomphe ! M. Nestor Roqueplan est un de ces lutteurs. Sa maison est tapissée de lauriers.

— Le succès de la *Tireuse de Cartes* augmente chaque soir, et tous les Israélites de Paris se font un devoir d'envahir la salle de la Porte-Saint-Martin. Les plus riches louent des places et les donnent à ceux de leurs coreligionnaires pauvres qui, d'ordinaire, ne fréquentent pas les spectacles.

Le bruit se répandit dans la journée que la tante du petit Mortara assisterait à la représentation. Cette soi-disant parente s'est produite sous les traits de M. Dollingen, spirituel Israélite de nos amis. La buraliste lui ayant répondu : « Tout est loué, » il cria d'un ton contrit :

— Ah ! c'est vraiment fâcheux ! car la loge de face que je désirerais acheter devait être occupée par plusieurs membres de la famille Mortara, et entre autres par la tante du jeune homme, qui part demain pour Londres.

On alla prévenir le directeur, et la loge fut délivrée sans retard. Toute la soirée durant, des curieux se succédèrent sans relâche, collant le verre de leurs binocles sur le carreau de la loge où notre ami se prélassait en compagnie de deux dames. A la sortie, peu s'en est fallu qu'ils n'aient été les héros d'une ovation.

Le quatrième acte de la *Tireuse de cartes* est interprété avec beaucoup de talent par mesdames Marie Laurent, Lia-Félix et Suzanne Lagier. Mais on ne joue pas le drame avec cette ardeur, ce zèle et cette passion sans être trempé de sueur. Le rideau baissé, six habilleuses s'emparent des trois artistes. On les tord, on les éponge — surtout mademoiselle Lagier. Les applaudissements dont le public les salue à leur entrée en scène, au cinquième acte, achèvent la résurrection de leurs forces expirantes.

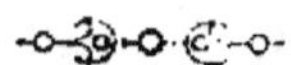

7 janvier. — A l'Opéra, troisième bal masqué de la saison. La recette s'élève à treize mille francs et le thermomètre à quarante-huit degrés. On se croirait dans le désert un jour de simoun. Les dominos qui ornent le paysage complètent la ressemblance, quoique, sous le rapport de la sobriété, ils ne soient guère comparables à certains quadrupèdes que la galanterie nous défend de désigner plus clairement.

— Payes-tu à boire ? (prenez la voix de Grassot.) Tel est le refrain favori de ces dames. Les plus hardies s'invitent à souper, et à la façon robuste dont elles s'en acquittent, il est permis de supposer qu'elles ont oublié de dîner. Quand on leur refuse à manger et à boire, elles vous désignent à la galerie et crient à haute voix :

— Voilà ce pané de Georges Prieur qui me réclame ses treize francs !

Dans les couloirs, au foyer, dans les loges, partout, on entend ces mots : « Où est Rigolboche ? montrez-moi Rigolboche ! » Je l'ai vue, cette filleule chérie de l'*Indépendance belge ;* elle est laide. Je lui ai parlé ; elle possède l'organe enchanteur de Grassot. Et un langage ! et des gestes ! et des métaphores ! Ah ! l'on me surprendrait infiniment si l'on m'affirmait que cette demoiselle a été élevée à l'Abbaye-aux-Bois, sur les genoux de madame Récamier !

Un titi peu galant l'a photographiée de la façon suivante :

— Elle ressemble à un cochon qui vient d'ôter ses lunettes.

C'est toujours Strauss qui conduit l'orchestre. On sait qu'il dirige aussi la saison musicale de Vichy, et comme il prépare déjà son prochain programme, il dit, l'autre soir, au directeur des Bouffes-Parisiens :

— Avez-vous des chanteuses pour Vichy ?

Et Jacques Offenbach de répondre :

— Non ; mais j'ai des chanteurs pour Clichy.

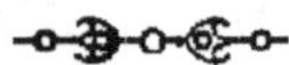

8 janvier. — Disparition de toutes

ces petites baraques en planches établies sur les boulevards quelques jours avant le 1er janvier, où s'installent annuellement les Susse, les Giroux, les Tahan et les Boissier de la petite Pologne. On avait dit que ces baraques seraient soumises à un plan et à une décoration uniformes. A coup sûr, c'eût été plus joli à l'œil ; mais attendu que le prix élevé de la location eût singulièrement diminué les bénéfices des pauvres diables qui les prennent à bail, une auguste volonté a décidé que les choses resteraient en l'état.

— Arrivée à Paris du jardinier Alphonse Karr, venu de Nice pour surveiller les dernières répétitions de sa ***Pénélope normande***, au Vaudeville ; de M. Félix Solar, qui était allé à Rome pour l'affaire des chemins de fer romains, et de M. Adolphe Gaïffe, qui avait accompagné M. Solar en qualité de secrétaire intime. M. Gaïffe nous revient fort engraissé et chevalier de l'ordre de

Saint-Grégoire-le-Grand, tant il est vrai qu'avec du travail et de la tenue, on fait toujours son chemin dans le monde.

9 janvier. — Jules Janin (voir les *Débats* de ce jour) apprend à ses lecteurs étonnés que la partition d'***Herculanum***, qu'on attribuait généralement à Félicien David, est l'œuvre de M. Halévy.

— Dieu puissant! s'est écrié Félicien David en lisant le feuilleton de l'éminent critique, pourvu que la fantaisie ne lui vienne pas d'imprimer, lundi prochain, que c'est moi qui suis l'auteur de ***la Magicienne***... ce ne serait plus de l'étourderie, ce serait de la diffamation.

— Le gymnasiarque sans rival, que tout Paris est allé voir au cirque Napoléon, a, par extraordinaire, manqué un de ses merveilleux exercices. Hâtons-nous d'ajouter que cette chute n'a eu aucune suite fâcheuse. Léotard, se relevant avec grâce, a recommencé de plus belle son hardi travail, et cette fois avec le plus complet succès. Mais quelle émotion dans la salle ! comme tous les cœurs ont battu! Quel silence ! On eût entendu voler un intendant de bonne maison.

Cet accident est le premier de ce genre qui arrive à Léotard. Quelle en est la cause ? On l'attribue à la présence assidue et aux bravos enthousiastes d'une petite dame (style Edouard Martin), locataire à l'année d'une des plus belles loges de l'Opéra-Comique, et qui, on l'a observé, néglige fort le théâtre de M. Roqueplan, au profit du cirque de M. Dejean.

— La première représentation de la *Pénélope normande* aura lieu demain au Vaudeville,— à moins que Lafontaine ne se purge.

10 janvier. — Lafontaine s'étant

purgé, la première représentation de la pièce d'Alphonse Karr est retardée de quelques jours.

—Quand on veut faire une course dans Paris, on ne trouve plus une voiture disponible ; ce sont les candidats au fauteuil vacant de l'Académie française qui produisent cette disette sur la place. L'élection est fixée à la fin du mois, et les concurrents, qui sont très nombreux, brûlent le pavé avec une activité fiévreuse.

On voit se croiser en ce moment sur le macadam :

Le brougham de M. Camille Doucet ;

La calèche de M. le comte de Marcellus ;

Le phaéton de M. Léon Halévy ;

Le carrosse de M. de Carné ;

Les sandales de M. Lacordaire ;

L'américaine de M. Arsène Houssaye ;

L'omnibus de M. Léon Gozlan ;

Le tilbury de M. Théophile Gautier ;

Le char de M. Mazères ;

Le wagon de M. Emile Dechamps,

Et soixante-dix-sept autres véhicules dont l'énumération risquerait de devenir fatigante.

Pour une voiture qui arrivera au but, combien verseront sur le quai Conti ?

Heureusement ces chutes-là ne sont pas mortelles.

— Dans une œuvre dramatique soumise récemment à la commission d'examen, un des principaux personnages est un prince russe.

Le manuscrit est revenu de la censure portant en marge l'annotation suivante, écrite au crayon rouge :

« En vue du congrès, remplacer le prince russe par un prince mexicain. »

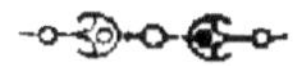

11 janvier. — La sixième chambre du tribunal correctionnel de la Seine, présidée par M. Gislain de Bontin, a rendu son jugement dans l'affaire Vriès.

L'ex-docteur noir a été condamné à quinze mois de prison et à cinq cents francs d'amende : *Sic transit gloria.* Les attendu du jugement nous apprennent que ledit Vriès s'est, depuis moins de trois ans, fait remettre un grand nombre de sommes plus ou moins importantes par plusieurs personnes, et notamment par Carriguerri 10,000 fr., par Capelman 6,666 fr., par Mignant 3,000 fr., par Rougemont 6,666 fr., par Chardin 1,600 fr., etc., etc.

Point n'a été fait mention des journalistes, qui, dit-on, « auraient coûté si cher à M. Vriès. »

C'était pourtant le cas de nous édifier sur ce chapitre en prononçant quelques noms propres,—ou plutôt quelques noms sales.

La déposition passionnée de l'interne Fauvel nous fait craindre que ce témoin n'obéisse pas à sa vraie vocation.

Ce n'est pas un médecin, c'est un accusateur, et il a bien moins l'air d'être l'interne de M. Velpeau que de Fouquier-Tinville.

Adolphe Sax a été acquitté.

— Définition de M. Havin par les rédacteurs du *Siècle* :

« Ministre secrétaire d'Etat au département de l'opposition. »

-o-o-

12 janvier. — MM. Adolphe d'Ennery, Galimard, Sarcey (de Gouttières), Auguste Supersac et plusieurs autres, ont eu le déplaisir de voir ce matin, dans le *Moniteur*, le passage ci-dessous :

« Par décret impérial, en date du 8 janvier 1860, rendu sur la proposition du ministre de l'instruction publique et des cultes, ont été promus dans l'ordre impérial de la Légion d'honneur :

» *Au grade de Commandeur* : M. Empis, membre de l'Académie française.

» *Au grade d'officier* : MM. Paul Lacroix, homme de lettres, conservateur à la bibliothèque de l'Arsenal ; — le baron de Bazancourt, homme de lettres. »

— Début au Théâtre-Italien, dans la *Sonnanbula*, de mademoiselle Marie Battu, fille de l'ex-sous-chef d'orchestre de l'Opéra, sœur de notre regretté confrère Léon Battu.

Mademoiselle Battu fait le plus grand honneur à son professeur Duprez. Elle est allée aux étoiles. Félicitons-la de ce qu'elle a eu le bon esprit de ne pas italianiser son nom. J'avais peur qu'elle ne se fît appeler mademoiselle Battutino ou mademoiselle Battutini. Mais pourquoi n'a-t-elle pas débuté à l'Opéra ? Un mauvais point à notre ami Alphonse Royer.

M. Barroilhet disait, et nous sommes de son avis, que mademoiselle Battu lui rappelait le profil de madame Frezzolini.

— Le pourvoi de madame Lemoine a

été rejeté. Il ne reste plus à ses amis qu'un seul espoir, le recours en grâce.

— Aujourd'hui, devant la Cour d'appel (chambre correctionnelle) venait l'appel de Me E. Ollivier, avocat (député et gendre de Listz), condamné, le 30 décembre 1859, à trois mois de suspension, pour s'être « *écarté du respect dû à la justice.* » Il s'est présenté à la barre, assisté de Me Plocque, bâtonnier, et des membres du conseil de l'ordre.

Le défenseur a déposé des conclusions demandant que la cour siégeant correctionnellement se déclarât incompétente, et renvoyât la cause devant les chambres réunies.

La cour, après avoir entendu M. Pinard, avocat général, un des plus éloquents représentants du ministère public, s'est déclarée compétente, et, pour le jugement du fond, a renvoyé à mercredi 18.

13 janvier. — On parle plus que jamais d'une affaire qui s'est passée dans un cercle de Paris, — affaire à la suite de laquelle un membre aurait été exclu, puis réintégré après d'excellents renseignements pris dans son pays.

Il s'agissait d'une marque de fabrique — qui n'est pas tout à fait celle de la maison Biétry.

On va se rencontrer sur le pré, c'est encore un tapis vert.

— Alphonse Karr a écrit une charmante nouvelle intitulée *Pour ne pas être treize à table.*

Il a fait aussi un roman ayant pour titre : *Vendredi soir.*

Sa pièce se donne ce soir :

Un vendredi !

Un treize !!

— M. Alphonse Karr sera seul nommé, mais les droits d'auteur, 12 0/0, seront partagés de la manière suivante :

7 0/0 pour M. Karr.

3 0/0 pour M. Lambert-Thiboust.

2 0/0 pour M. Paul Siraudin.

S'il existe un autre collaborateur, il prendra le surplus.

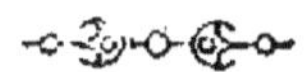

14 Janvier. — La rencontre que nous faisions pressentir entre deux membres d'un même cercle a eu lieu hier. On s'est battu au pistolet et *au signal*, à une distance de vingt-cinq pas. Les deux coups de feu sont partis en même temps, à ce point qu'on eût cru n'avoir entendu qu'une seule détonation. Personne n'a été atteint.

M. Gar... avait pour témoins MM. P... et W... Les témoins de M. le comte de C... étaient MM. de V... et R... L'arbitrage avait été soumis à M. le marquis du H... qui avait choisi le duel au pistolet et au signal, comme étant celui qui offre le moins de dangers.

Après l'échange des deux coups de feu, M. le comte de C... s'est approché de son adversaire, et lui a fait de franches, loyales et cordiales excuses. On s'est réconcilié sur le terrain.

C'est surtout quand on songe au motif de la rencontre qu'on se félicite d'un si heureux résultat; car, ainsi qu'un de nos amis nous le disait avec autant de raison que d'esprit : — Si j'avais le malheur de tuer un homme en duel pour une querelle de jeu, je crois que je serais longtemps avant de m'en consoler ; mais si j'étais tué, je suis certain que je ne m'en consolerais jamais.

La Pénélope normande a grandement, brillamment réussi, malgré les influences combinées du vendredi et du 13. Alphonse Karr a déguignonné le Vaudeville.

Alphonse Karr ne pouvait faire une pièce sans y mettre des fleurs. Les divers bouquets qui jouent des rôles essentiels dans *la Pénélope normande* étaient arrivés de Nice deux heures avant la première représentation. Ces camélias, ces roses, ces lilas et ces violettes ont été cultivés par les propres mains de l'auteur.

Il y a des romanciers qui mettent tant de cœur dans leurs livres qu'ils se croient dispensés d'en montrer un brin dans les actes de leur vie. Alphonse Karr se distingue de ces romanciers-là. A peine son nom eut-il été livré par Lafontaine (d'une façon passablement cavalière) aux applaudissements du public, il courut à un bureau de télégraphie électrique et envoya à Nice une dépêche qu'on trouvera à la fin de ce livre.

— On lit dans le *Figaro-Programme*, sous la signature de M. Gustave Bourdin :

M. Lafontaine ne dormait pas. M. Lafont avait obtenu un immense succès en proclamant le nom de l'auteur du *Père prodigue* d'une façon inusitée, c'est-à-dire en disant : « MESDAMES et *Messieurs*, » au lieu du « *Messieurs*, » unique et consacré. Lafontaine, à son tour, voulant innover, s'est avisé, vendredi dernier, de dire au public que la *Pénélope normande* était d'Alphonse Karr, sans faire précéder le nom de l'illustre jardinier du *Monsieur* traditionnel et toujours de rigueur quand il s'agit d'un auteur vivant, s'appelât-il Balzac ou Victor Hugo!

Cette excentricité a généralement déplu, — peut-être parce qu'elle n'a pas été complète. Du moment que M. Lafontaine en agissait aussi familièrement avec *son* auteur, il fallait aller jusqu'au bout et dire aux spectateurs :

« *Mes enfants*, la pièce, etc., etc...; »

ou, ce qui eût été encore mieux, en prenant le public au point de vue collectif, risquer :

« *Ma vieille*, la pièce, etc., etc. »

— Au Palais-Royal, *Jeune de cœur*, très agréable vaudeville en un acte, de MM. Edouard Martin et Emile de Najac, joué par l'excellent Arnal, accueilli, à notre grand étonnement, par un vigoureux coup de sifflet, quand il vient nommer les auteurs. Il est impossible qu'il n'y ait pas une petite lâcheté derrière ce gros sifflet.

— Aux Bouffes-Parisiens, devant la cour et la ville, *Croquignole XXXVI*[e] obtient un très grand succès. La partition est le début de M. Ernest Lepine, secrétaire particulier de M. le comte de Morny, ce qui explique l'affluence du monde officiel qui se presse dans la salle trop exiguë du passage Choiseul. On a ri à s'en faire mal à la rate. Cette fois encore, le premier prix d'hilarité appartient à notre petite amie Emma Livry, qui danse à l'Opéra comme une grande danseuse qu'elle est déjà, — heureusement pour nous, — et qui s'amuse « à la comédie » comme une enfant qu'elle est encore, — heureusement pour elle.

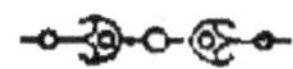

15 Janvier. — Sœur aînée des 15 avril, 15 juillet et 15 octobre, cette journée est de celles qui enveloppent la ville d'un crêpe funèbre. Conformément à un usage barbare et à une tradition malsaine, Paris est dans la dure nécessité de payer son terme.

— Célébration, au Dîner-Club de la rue Laffitte, du 238e anniversaire de la naissance de Molière. Cent vingt convives se mettent à table vers deux heures un quart, avec des appétits de naufragés de la *Méduse*. M. Mélesville, M. Samson, doyen de la Comédie-Française, le baron Taylor et une simplicité spartiate, président à ce banquet, dont le prix doux est de six francs par tête, y compris le vin de Champagne, le café, les liqueurs et le pourboire des garçons.

Les truffes brillent — par leur absence; elles sont remplacées par des pommes de terre, par des toasts et par des discours. Les orateurs sont MM. Taylor, Raymond Deslandes, Samson et Philoxène Boyer. Le discours de M. Samson, où brillent des aperçus ingénieux, neufs et spirituels, est fréquemment interrompu par les applaudissements unanimes de l'assemblée. M. Philoxène Boyer pique une tête dans les nuages et se perd dans le bleu.

Mais pourquoi tant d'acteurs et si peu d'auteurs dramatiques à cette fête de Molière? et surtout pourquoi si peu d'acteurs du Théâtre-Français? J'ai beau compter et recompter, je ne vois que M. Samson et M. Garraud. En revanche, les Bouffes-Parisiens ont envoyé Désiré, Léonce, Tayaut et Guyot. Les écuyers du Cirque sont venus en masse, y compris le gymnarsiaque Léotard fils et le père de Léotard fils. MM. Charles de La Rounat, et de Chilly sont les seuls directeurs présents, — et cependant Molière fut aussi directeur de théâtre.

Savez-vous qui a été l'inspirateur et l'organisateur du banquet-Molière fondé il y a six ans? Un danseur de l'Opéra, M. Berthier.

Le repas et les discours terminés, Ponchard père chante une romance; Levasseur dit, de sa voix toujours puissante, l'évocation des nonnes de ***Robert le Diable;*** les frères Lyonnet et Guyon font assaut d'imitations dramatiques. On se sépare à six heures. — Je n'aurais jamais cru qu'il fût possible de tant s'amuser pour six francs.

A la table principale, figurait le vénérable M. Marty, chevalier de la Légion d'honneur et maire de la commune de Charenton, qu'il administre avec beaucoup de zèle et de fermeté, en dépit de ses quatre-vingts ans sonnés.

— M. de Lamartine s'engage à livrer, dans un délai déterminé, à M. Marc Fournier, directeur de la Porte-Saint-Martin, un drame en cinq actes, tiré d'un de ses meilleurs romans : ***Geneviève, histoire d'une servante.***

Le traité a été signé aujourd'hui.

— Je lis dans l'*Europe artiste* une touchante correspondance échangée entre M. Marc Fournier et M. Desolme. Ce dernier profite de l'occasion pour dire que son journal se vend chaque soir à la porte des théâtres au nombre de 3,000! Puisque nous sommes sur le terrain de l'exagération, mettons 3,000 par an et n'en parlons plus.

16 Janvier. — La scène se passe au n° 13 de la rue de Grenelle-Saint-Germain. Le théâtre représente le bureau de rédaction de l'*Univers religieux*, grande pièce austère et solennelle en forme de sacristie, où M. Louis Veuillot ne s'est pas montré depuis quarante-huit heures, retenu chez lui par une légère indisposition.

— Comment se porte notre cher rédacteur en chef? demande M. Coquille à M. Eugène Veuillot.

— Je vous suis obligé, répond M. Veuillot cadet; grâce au ciel! mon frère va très bien, et je l'attends d'un instant à l'autre.

La porte du bureau de rédaction tourne sur ses gonds silencieux. — Entrée de M. Veuillot aîné. — Echange de politesses.

— Eh bien ! messieurs, demande l'auteur des *Libres penseurs*, que s'est-il passé en mon absence ?

— Deux cafés se sont abonnés, répond le gérant du journal.

— A Paris ?

— Sur la ligne des boulevards.

— Messieurs, s'écrie M. Louis Veuillot, cette nouvelle me fait le plus grand plaisir, cela prouve que l'*Univers* devient populaire ; j'aime mieux ça que douze évêques !

— Le bruit se répand à la Bourse que les tourniquets vont être supprimés.

Sur cette bonne nouvelle, le trois pour cent monte de 25 c. au comptant et de 35 c. à terme.

— La représentation donnée ce soir à l'Opéra comptera dans l'histoire de l'Académie impériale de musique, moins par l'éclat du début de mademoiselle Marie Brunet qu'à cause d'un événement douloureux qui attristera profondément tous les membres de la famille artistique. M. Girard, qui avait conduit l'orchestre jusqu'au 3e acte des *Huguenots*, est mort à minuit.

Quant à mademoiselle Brunet, voici son bilan : bonne méthode, pas de cordes basses, mauvaise qualité de voix, exagération mélodramatique dans le jeu et dans les gestes ; au total, début insignifiant.

Combien nous sommes loin du temps où mademoiselle Marie Brunet créait, dans *la Fanchonnette*, de M. Clapisson, le rôle effacé d'une petite pensionnaire gauche, timide, même un peu niaise, et où ses camarades du Théâtre-Lyrique l'avaient surnommée *la princesse Guimauve*, sobriquet qui la chaussait alors comme un bas de soie.

— ***J'invite le colonel***, vaudeville en un

acte, de MM. Labiche et Marc Michel, joué tout à l'heure au Palais-Royal, n'augmentera peut-être pas beaucoup la gloire des auteurs; mais elle ne la diminuera pas non plus. C'est toujours ça.

•

— On sait que le programme abolitionniste contenu dans la lettre de l'Empereur au ministre d'Etat a causé une grande émotion chez les *protectionnistes*, que représentent plus spécialement dans la presse le *Constitutionnel* et le *Siècle*.

Un journal aussi courageux que spirituel, la *Gazet'e de France*, disait ce soir, en parlant de l'attitude du directeur politique du journal des décrotteurs et des marchands de vin, j'ai nommé le *Siècle :*

— M. Havin est si *ému* qu'il parle lalatin.

De son côté, M. Eugène Veuillot appelle M. Havin le héros de la Manche.

•

— M. Francuistre Sarcey (de Gouttières), élève de l'Ecole normale, commet une faute d'orthographe dont rougirait le dernier élève de l'Ecole mutuelle.

Répondant ou essayant de répondre à M. H. Cogniard, il écrit : BÊTISE est dure.

Ce n'est pas *bêtise* qu'il fallait mettre en petites capitales, lui fait observer justement M. Gustave Bourdin, c'est l'E de dur*e*.

17 janvier. — Je me flattais de connaître les noms de tous les poètes dont la France s'honore à juste titre, et me voilà réduit à confesser que je me trompais grossièrement. Dans le numéro d'un journal dont je viens de faire l'emplette, je lis aux *faits divers* cette nouvelle inattendue, qui me cause une joie extrême :

« Le bureau de l'*Union des poètes* est ainsi constitué pour l'année 1860 :

» Président, M. Robert-Victor. (?)

» Vice-président, M. Achille Lestrelin. (?)

» Trésorier, M. F. Fertiault. (?)
» Bibliothécaire, M. Louis Tremblay. (?)
» Secrétaire, M. Maréchaux. (?) »

Adressons, sans plus tarder, une double félicitation à l'*Union des poètes* :

1° De ce qu'elle nous donne le spectacle de poètes unis entre eux ;

2° De ce qu'elle a senti le besoin d'élire un trésorier, — la nécessité d'un trésorier impliquant l'existence d'un trésor.

Des poètes unis!.., et qui ont un trésorier !... Décidément je ne regrette pas les quinze centimes que m'a coûtés mon journal.

Mais qui diable eût soupçonné notre époque d'être si riche en illustrations poétiques? — Trois hurras pour Robert-Victor, Lestrelin (Achille) et leurs dignes compagnons !

— M. Sarcey (de Gouttières) a l'audace de terminer ainsi un article sur un livre de M. Assolant :

« On fait grand bruit de notre camaraderie d'école ; on nous accuse de nous entendre tous ; rien n'est plus faux, hélas ! nous sommes pour la plupart dans des camps opposés : *Il n'y a qu'un point qui nous tienne tous unis*, c'est l'amour de la bonne et vraie langue française. »

On éprouve quelque difficulté à se figurer ce point qui unit tous les élèves de l'Ecole normale.

Et dire que M. Sarcey prétend avoir retrouvé la langue de Voltaire ! Hier, une faute d'orthographe ; aujourd'hui, une image fausse ; les deux font la paire. O Voltaire !

... Des *Auvergnats* difformes
Se taillent des *fouchtra* dans ton *français* de roi.

— L'affaire de la vente de l'Opéra-Comique à M. Miraut semble décidément rompue. « Je suis beaucoup trop jeune pour me reposer, » aurait dit M. Nestor Roqueplan, qui se montre insatiable et ne se retirera que gorgé de millions.

Un petit journal, ordinairement mal

informé, a qualifié M. Miraut d'*ancien clerc d'avoué*, M. Miraut est avocat et ne porte point d'autre titre.

— Ouverture du théâtre du Cirque régénéré, restauré, éclairé, rembourré, aéré et doré par les soins intelligents du meilleur directeur de Paris, M. Hostein. Simple observation : la pièce de M. D'Ennery ayant pour titre l'*Histoire d'un drapeau*, il a eu tort de nous en montrer deux.

La mise en scène est splendide ; les décors sont de vrais tableaux ; quarante chevaux piaffent et ruent au milieu de l'action ; le ballet est très joli, quoique un peu long.

Il était parfaitement inutile d'engager Laferrière pour cette pièce ; il n'a pas déployé assez de vigueur dans son rôle de troupier. Il a la voix trop efféminée pour jouer un rôle de soldat ; son talent se prête davantage aux choses du cœur. Le succès a été pour le débutant Jenneval.

C'est un Laferrière mâle.

18 janvier. — Grassot se meurt ! Grassot est mort !

Cette triste nouvelle se répand avec la rapidité de l'éclair, et, pendant toute la journée, des groupes consternés stationnent devant le café Minerve, « fermé pour cause de décès, » ainsi qu'une affiche manuscrite l'annonce aux passants.

A trois heures de l'après-midi, un monsieur, intrigué par cette affluence inaccoutumée, fait arrêter sa voiture, descend sur le trottoir, met son binocle sur son nez, et, après avoir lu ces mots : « Fermé pour cause de décès, » demande à son voisin :

— Qui donc est mort ? Serait-ce Grassot ?

— Probablement, répond le voisin, à moins que ce ne soit Minerve.

— Comme je traversais la rue des Écuries-d'Artois, j'ai aperçu le Père Lacordaire qui sonnait à la porte de M. le comte Alfred de Vigny. L'élection académique est fixée au 4 février prochain, et toutes les chances paraissent en faveur de la candidature du Père Lacordaire.

Espérons que les hommes de lettres seront admis désormais à siéger dans les conciles, côte à côte avec les Pères de l'Église.

19 janvier. — MM. Girard et Grassot ont été enterrés aujourd'hui, et leurs services funèbres ont été célébrés, à une heure de distance, dans l'église Saint-Roch.

Pendant le service de M. Girard, les artistes de l'Opéra étaient tellement émus que leurs chants étaient mêlés de sanglots.

Les quatre cordons du poêle étaient

tenus par MM. Alphonse Royer, Auber, Halévy et Tulou.

M. Alphonse Royer a prononcé sur la tombe un excellent et très touchant discours.

Les tentures du convoi de M. Girard n'étaient pas encore enlevées, lorsque le corps du pauvre Grassot est entré dans l'église. On lisait donc sur les draperies mortuaires un *G* pour M. Girard et un *G* pour Grassot.

Un de ces aimables gandins qui ne respectent rien, pas même la mort, dit en apercevant ces deux *G* :

— On voit bien que nous enterrons *gnouf! gnouf!*

— Une petite dame appartenant à la haute *bicherie* parisienne, a un mari belge et un amant d'une autre nation. Sur la plainte de l'époux-Sganarelle. les deux complices, pris en flagrant *de lit*, allaient être condamnés à quelques mois de prison, car, dans ces sortes d'affaires, les juges ne sont pas courtois. L'amant disparaît pendant quatre ou cinq semaines et s'occupe d'arranger l'affaire. Moyennant cent mille francs, il obtient le désistement du mari.

Il vient de rentrer à Paris.

— Chère amie, a-t-il dit à sa dulcinée, vous avez dû dépenser de l'argent pendant mon absence; dites-moi le chiffre et je vais vous rembourser la somme.

— J'ai dépensé 81,000 fr., répondit-elle sans hésiter.

Que dites-vous de ce UN mille francs? c'est de la force de Paganini.

Le noble étranger a payé. Et comment aurait-il élevé un doute ? Elle le lui a juré sur la tête d'un de ses enfants, âgé de dix-sept ans au moins— c'est son plus jeune, et vrai! on ne le dirait pas en la voyant.

— Le dompteur Rarey donne sa première séance au Cirque Napoléon. La recette s'élève à 6,000 fr.

On amène deux chevaux, dont le plus doux est féroce comme un propriétaire qui n'aurait pas touché ses loyers du **15** courant. M. Rarey les rend doux comme des moutons. C'est un spectacle rare et curieux, que tout Paris voudra voir.

Le dompteur, qui ne parle pas du tout français, a pris un interprète qui ne le parle pas suffisamment et qui a le tort de finir ses phrases sur une virgule, aux éclats de rire de toute la salle.

— M. de la Bédollière, qui fait de la politique rétrospective dans le *Siècle*, journal des décrotteurs et des marchands de vin nous apprend que le roi Charles X est mort à *Holyrood!!*

20 janvier. — On jouait ce soir à l'Ambigu le *Marchand de coco*. J'engage ceux qui désirent entendre M. Frédérick Lemaître à se munir d'une lorgnette.

— Grande douleur rue Coq Héron,

n° 5. On assure que M. Achille Jubinal, député au Corps législatif, que dans une de ses récentes chroniques M. Paulin Niboyet appelait *un gros personnage*, fatigué des petits tracas du journalisme, vient de donner *volontairement* sa démission de rédacteur en chef du ***Messager de Paris.***

— Heureux les millionnaires ! ils sont les maîtres du monde, et tous les pays leur appartiennent.

M. Péreire ayant désiré acquérir le ***Pays***, de M. Mirès, lui en offre **900,000** francs. M. Mirès demande un million tout rond.

L'affaire en est là, et sans doute ne tardera pas à se conclure.

On prête à M. Péreire — on ne prête qu'aux riches ! — le projet de renouveler entièrement la rédaction politique et littéraire du ***Pays.***

— Les querelles des écrivains français prennent depuis quelque temps de déplorables proportions. On s'insulte, on s'outrage, on se jette de la boue au visage; faute d'esprit, on est grossier. On imite l'exemple de cette paysanne normande qui, plaidant avec un voisin devant le juge de paix, tirait la veste de son mari, en lui disant :

— Appelle-le coquin avant qu'il t'y appelle.

En tête de ces agresseurs effrénés se trouve placé M. Edmond About : le pape, les évêques, les écrivains de talent, il ne respecte rien. Ce qu'il recherche avant tout, c'est un peu de bruit autour de son nom.

Nous devons à nos lecteurs de leur donner des détails sur la rencontre de M. Vaudin et de M. About; nous le ferons sans passion, en simple historien, espérant que cette affaire est maintenant terminée, et que la dure leçon que vient de recevoir M. About lui apprendra à respecter à l'avenir ceux qui comme lui ont l'honneur de tenir une plume.

— M. About publie dans l'*Opinion*

nationale un article excessivement injurieux contre M. Vaudin, homme de lettres. Dans cet article, il compare M. Vaudin à un *monsieur peu recommandable,* un *cocher d'omnibus*, un *coquin de lettres;* il dit que c'est un *repris de justice* (1), un *larron, un vaurien,* un *mercenaire*, le *dernier des hommes,* un *faquin*, un *malfaiteur* qu'on ne saurait tuer soi-même sans *empiéter sur les priviléges du bourreau*; et il se place lui, M. About, au rang des *sénateurs.*

Le même soir, M. Vaudin, pensant que M. About viendra au café Riche, l'attend jusqu'à la fermeture du café. Il est accompagné d'un ami, et à chaque personne qui entre, il pâlit, espérant que c'est son adversaire. Il annonce au surplus qu'il n'a l'intention de se porter à aucune violence. Il se contentera de se placer devant M. About et de remuer sa

(1) M. About a la loyauté, du reste, de citer la date d'un jugement rendu contre M. Vaudin, en oubliant seulement de dire que cette condamnation est de 16 fr. d'amende pour délit de presse.

consommation avec le bout de sa canne.

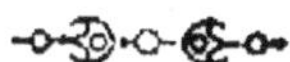

21 janvier. — A dix heures du matin, M. Vaudin se fait accompagner par deux de ses confrères, MM. Firmin Maillard et Jules Mahias, et se rend chez M. About, pour savoir *de visu* s'il persiste à maintenir sa résolution de ne pas se battre avec lui. La demande est exprimée par un des témoins. M. About s'informe du nom des trois personnes qui se présentent devant lui, et il dit « que cette démarche est contre toutes les lois du duel, qu'il a besoin de s'entendre et de se concerter avec ses amis. » M. Vaudin, l'interpellant froidement, lui dit :

— Vous devez comprendre, monsieur, que je désire que vous me répondiez le plus tôt possible.

— Aujourd'hui même, monsieur, réplique M. About.

M. About n'était pas seul, M. de Najac se trouvait dans cette pièce.

Quelques heures après, M. About faisait porter chez l'un des amis de M. Vaudin une lettre dont on demandait un reçu et dont voici l'esprit :

« — M. About déclarait que M. Vau-
» din s'était présenté chez lui derrière
» deux de ses amis, et que lui, M. About,
» ne lui avait pas fait l'honneur de lui
» parler ; qu'aucun de ses amis, à lui
» About, ne consentait à entrer en re-
» lations avec ce Vaudin ; qu'on ne pou-
» vait se mesurer avec lui sans déshon-
» neur ; qu'il était édifié sur son compte,
» et que M. Vaudin ne devait pas être
» étonné de son mépris. »

22 janvier. — M. Vaudin, accompagné de M. Raymond de Breilh, se rend au café-glacier Napolitain. M. About est assis à une table ; il lit l'*Univers*.

M. Vaudin se dirige en marchant droit

et le chapeau sur la tête vers M. About. et lui dit à haute voix, de manière à être entendu par le public du café :

— M. Edmond About, me reconnaissez-vous ?

— Oui, monsieur, vous êtes M. Vaudin. Je ne vous en fais pas mon compliment.

— Vous m'avez lâchement insulté (mouvement de garde de M. About), voilà...

M. Vaudin, sur ce dernier mot, crache au visage de M. About ; ce dernier pâlit, s'essuie avec les mains ; il ne se lève point, et pas un mot ne sort de sa bouche. M. Vaudin se retire lentement.

M. Raymond de Breilh s'avance alors vers M. About, le salue courtoisement et lui dit :

— Vous connaissez, monsieur, l'adresse de M. Vaudin ?

— Parfaitement, monsieur, répond M. About.

Il était alors dix heures du matin.

— A midi moins un quart, M. de Villemessant reçoit la visite de MM. Charles Edmond et de Najac, qui viennent lui demander raison, de la part de M. About, de son dernier article du *Figaro*. M. de Villemessant répond que M. About aurait pu saisir d'autres occasions qu'il lui avait offertes; que son dernier article est une simple polémique littéraire, que pour son compte il refuse net une réparation qui n'a pas de raison d'être; mais que, cependant, il enverra le lendemain, avant midi, deux personnes pour s'entendre avec ces messieurs, et qu'il s'engage à faire ce que décideront ses amis.

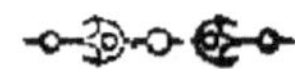

23 janvier. — M. de Villemessant reçoit, à dix heures du matin, la lettre suivante :

Paris, lundi 23.

Mon cher ami,

Des circonstances indépendantes de notre

volonté m'obligent à vous prier de vouloir bien remettre notre rendez-vous d'aujourd'hui à deux heures après midi. A partir de deux heures, M. de Najac et moi sommes à vos ordres.

Bien à vous,

CHARLES EDMOND.

— A onze heures, M. de Villemessant fait porter chez M. Charles Edmond la lettre suivante :

Paris, lundi 23.

Mon cher confrère,

Je reçois à l'instant la lettre dans laquelle vous me dites qu'à deux heures seulement vous serez à la disposition de mes deux amis. — N'attendez pas leur visite, ils sont d'avis que votre proposition est inacceptable.

Bien à vous,

H. DE VILLEMESSANT

P. S. Laissez-moi croire que lors de votre visite, hier, vous ignoriez, M. de Najac et vous, que deux heures auparavant M. About eût essuyé... un petit désagrément.

— M. de Villemessant reçoit, à trois heures, la visite tout amicale de M. Ludovic Halévy, qui lui dit que M. Charles Edmond est profondément affligé que M. de Villemessant eût pu croire un seul instant que, lors de sa visite chez lui, le dimanche, il eût eu connaissance de l'affront qui avait été fait à M. About.

Réponse de M. de Villemessant :

« Si j'ai écrit la phrase : *Laissez-moi croire*, au lieu de celle : *Je suis convaincu*, c'est que je voulais ménager à M. Charles Edmond la démarche que vous faites en ce moment. Le caractère honorable des témoins de M. Edmond About était pour moi une garantie plus que suffisante. »

A quatre heures, on nous apporte les nouvelles suivantes :

La rencontre a eu lieu à Meudon, entre M. Vaudin et M. About.

Les témoins de ce dernier ont été MM. Charles Edmond et de Najac.

Ceux de M. Vaudin, MM. Camille de Vos et H. Toussaint.

M. Edmond About a attaqué son adversaire avec impétuosité et beaucoup de courage. Son premier coup d'épée a passé par-dessus la tête de M. Vaudin. Le combat a duré neuf minutes; il y a eu quatre reprises; M. About a reçu un léger coup d'épée dans le bras, qui, fort heureusement, est de peu d'importance, puisqu'il s'est promené jusqu'à neuf heures du soir.

— Le *Figaro* offre un déjeuner frugal à M. Alphonse Karr. La scène se passe à la Maison-d'Or. Un des convives, Jean Rousseau, qui n'a jamais vu l'auteur de *Sous les tilleuls* et d'*Une heure trop tard*, éprouve une émotion qui lui coupe l'appétit. Heureusement notre confrère se remet et rattrape les bouchées perdues.

Le héros de la fête a été, comme toujours, spirituel sans prétention. Entr'autres récits charmants, j'ai retenu celui-ci :

« Le soir de la répétition générale de la *Pénélope normande*, après le premier acte, je dis à Lafontaine :

—Ne trouvez-vous pas que vous avez beaucoup de barbe ?

— Si je diminue la longueur de ma barbe, répliqua Lafontaine, il n'y a plus de pièce !

Après le deuxième acte, je dis à Munié que je désapprouvais la vareuse trop rouge qu'il porte sous son paletot, en guise de gilet, et Munié me répondit :

— Si j'ôte cette vareuse, il n'y a plus de pièce !

Après le troisième acte, je fis observer à Mme Doche qu'elle avait trop de diamants, et Mme Doche s'écria :

— Si je ne mets pas tous mes diamants, et beaucoup de blanc, il n'y a plus de pièce!

Ma foi, je n'ai plus rien dit. »

— M. Mario Uchard fait sa rentrée à la Bourse. L'auteur de la *Fiammina*, de la *Seconde jeunesse* et du *Retour du mari* reprend le crayon du remisier en attendant qu'il reprenne la plume de l'auteur dramatique

Justement fiers de compter M. Mario Uchard dans leur sein, ses collègues l'acclament à son entrée, et l'on décide qu'on tuera le veau gras aux Frères-Provençaux, afin de célébrer le verre en main le *Retour du Mari-o.*

— M. Octave Feuillet lit aux artistes du Vaudeville la pièce en cinq actes et six tableaux qui succédera à la *Pénélope normande.*

En apprenant que l'auteur lui confie un rôle de mère, et que c'est Mlle Bressant qui sera sa fille, Mlle Fargueil manifeste une satisfaction extrêmement modérée.

Sans doute il lui eût plu davantage de jouer le rôle de la jeune fille, et que le rôle de la mère fût confié à Mlle Bressant. Où diable aussi M. Octave Feuillet a-t-il l'esprit d'intervertir d'une façon si injuste les lois impérieuses de la vraisemblance et de l'optique théâtrale ?

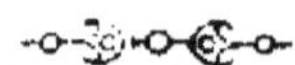

24 janvier. — *Huit heures du matin* — Les commis de M. Dentu ouvrent son magasin de librairie, et tout aussitôt M. Dentu met en vente une brochure sur une des questions à l'ordre du jour.

Neuf heures trois quarts.— M. Dentu met en vente une deuxième brochure.

Onze heures moins sept minutes. — M. Dentu met en vente une troisième brochure.

Midi cinquante-deux. — M. Dentu met en vente une quatrième brochure.

Deux heures trente-cinq.—Cinquième brochure.

Cinq heures dix. — Sixième brochure.

Huit heures vingt. — Septième brochure.

Dix heures quinze. — Huitième brochure.

Onze heures. — On ferme le magasin et l'on recommencera demain.

— M. Émile Péreire adresse la lettre ci-dessous au rédacteur en chef des *Débats* :

« Monsieur,

» Le journal *le Figaro* parle d'un projet qui me ferait traiter de l'acquisition du *Pays* moyennant un prix de 900,000 fr. Le *Figaro* a été induit en erreur ; je n'ai jamais songé à acquérir ni le *Pays* ni aucun journal, non plus qu'à m'immiscer en rien dans une rédaction politique ou littéraire quelconque.

» Agréez, etc.

» Émile Péreire. »

Puisse cette lettre calmer l'inquiétude que nous avions jetée dans l'esprit des rédacteurs du *Pays*. M. Auguste Vitu s'apprêtait déjà à retourner au *Journal des chemins de fer*, M. Eugène Guinot au *Siècle*, et M. Granier de Cassagnac à Cassagnac.

— Notre cher et excellent collaborateur Henri de Pène, qui signe déjà Nemo dans le *Nord*, Mané, dit-on, dans l'*Indépendance belge*, Henri Desroches, à ce qu'on insinue, dans le *Constitutionnel*, vient d'inaugurer un nouveau pseudonyme. On lui attribue la chronique dramatique de la *Revue européenne*, signée H. de Nauheim.

M. de Pène devait bien cette politesse à la petite ville dont les eaux salutaires ont si miraculeusement cicatrisé son terrible coup d'épée.

— M. Bocage, l'heureux directeur du joli théâtre Saint-Marcel, informe Paris et la banlieue qu'il continue à retenir des voitures pour son public.

Ne ferait-il pas mieux de commencer par retenir un public pour ses voitures ?

Les recettes varient entre 75 fr. 25 et 133 fr. 50 c. — les grands jours.

Sur l'honneur, cher Bocage, vous valez mieux que ces recettes et que ce théâtre.

— Joie, nopces, gaudissement, illumination et feu d'artifice à l'Odéon, où l'on donnait, l'autre soir, devant une salle encore pleine, la centième représentation du *Testament de César Girodot*, un succès qui a fait disparaître toutes les toiles d'araignée qui remplissaient la caisse du théâtre.

Mais que M. de La Rounat y prenne garde : si les toiles ont disparu, les araignées ne sont pas mortes.

---

25 janvier. — Le directeur du Vaudeville et M. Octave Feuillet viennent de faire un petit coup d'Etat.

Mademoiselle Fargueil ne paraissant pas ravie du rôle qu'on lui a distribué, il y a deux jours, dans la pièce nouvelle de l'auteur de *Dalila*, ils lui ont retiré ce rôle et l'ont donné à mademoiselle Delphine Marquet, à laquelle il servira de début.

MM. Louis Lurine et Octave Feuillet pensaient avec raison combler les vœux de mademoiselle Fargueil, et voici à présent que notre grande comédienne fait retentir la place de la Bourse du bruit de ses lamentations.

Oh ! les femmes, qui peut se vanter de les satisfaire? — surtout quand elles sont actrices, c'est-à-dire deux fois femmes.

— Nous rappelons à nos lecteurs que ces feuilles volantes seront réunies en volumes et mises en vente le 5 du mois. Il va sans dire qu'elles auront été revues, corrigées et criblées de mots spirituels. Nous y joindrons les autographes de ceux et de celles qui auront, à un titre quelconque, joué un rôle dans le mois écoulé.

Mademoiselle Suzanne Lagier, dont le nom est intimement lié au succès de la *Tireuse de cartes*, nous a envoyé, en guise d'autographe, quelques pensées profondes dans le style de La Bruyère. Les voici :

« Mon cher *Figaro*,

» Veux-tu des nouvelles ?

» Flaubert appelle Gustave Claudin « le dernier fleuve du Tage. »

» Marc Fournier dit qu'un amant trompé doit se donner la mort.

» Moi je termine en jalousant les femmes qui ont beaucoup de principes, parce qu'elles peuvent en changer.

» Suzanne Lagier. »

— Apparition dans la vitrine du libraire Amyot de la dix-huitième édition de *Fanny*, par M. Ernest Feydeau, et les passants de s'écrier : « Malpeste ! quel triomphe ! »

Avant de s'extasier sur un si beau résultat, ne serait-il pas à propos de connaître le chiffre exact du tirage de chaque édition ? A six mille exemplaires, comme les tirages de la Librairie-Nouvelle, nous aurions un total de 108,000 volumes ; mais supposez que le tirage de *Fanny* n'ait été que de cinq cents exemplaires par édition, et soudain de 108,000 nous tombons à 9,000.

Daniel, du même auteur, en est toujours à la deuxième édition, et encore ne serait-il pas impossible qu'on eût spirituellement commencé tout de suite par la deuxième?

— Quelqu'un qui sort de l'Opéra, et qui a entendu madame Vestvali s'escrimer dans le rôle d'Olympia, d'*Herculanum*, lui inflige ce sobriquet caractéristique : « Madame *Veste*-vali. »

L'orchestre était dirigé par M. Dietsch qui succède à M. Girard, et c'est M. Victor Massé qui remplace M. Dietsch en qualité de chef du chant.

— Le *Figaro* reçoit une lettre des membres de la Société philanthropique de Clichy, le remerciant du bal qu'il va donner, et dont la recette sera en partie consacrée à la libération de détenus pour dettes. Ils nous font parvenir en même temps une pétition qu'ils ont adressée à M. Sénécaud, directeur de la maison pour dettes. Les cent vingt-huit signataires de cette requête sollicitent de l'administration supérieure d'importantes améliorations à introduire dans la maison de Clichy. Ils exposent que le renchérissement de toute chose démontre chaque jour davantage la complète insuffisance de l'allocation d'UN franc, qui n'est plus en rapport avec les besoins auxquels elle s'applique.

Nous souhaitons bien vivement que les détenus obtiennent les modifications qu'ils réclament, modifications « d'autant plus urgentes qu'elles tiennent à la vie elle-même », et nous prenons la liberté d'appeler sérieusement l'attention des administrateurs sur cette intéressante question, qui a pu ou pourra — selon les vicissitudes humaines — n'être indifférente à personne.

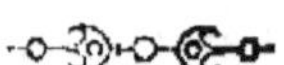

26 janvier. — Le droit des auteurs perçu sur les recettes des théâtres de Paris, pendant l'année **1859**, c'est élevé à un million onze mille cinq cent soixante-dix-huit francs soixante centimes.

Sur cette somme, M. d'Ennery a touché le million, et M. Paul Juillerat, auteur des *Equipées de Stenio*, comédie jouée une seule fois à l'Odéon, a touché les soixante centimes.

— On pourrait s'étonner que nous n'ayons rien dit de la question du libre-échange. Mon Dieu ! c'est bien simple : nous avons la modestie de confesser que nous n'y comprenons absolument rien.

Ce que nous y voyons de plus clair, c'est que ces belles étoffes anglaises, si douces, si chaudes, si laineuses, et qu'on nous vend si cher, payeront désormais des droits d'entrée beaucoup moins forts.

Cette mesure émeut MM. les tailleurs, qui se réunissent et ont la bonté de décider que, malgré la grande diminution que subiront ces étoffes, ils n'augmenteront pas le prix de leurs pantalons.

— M. Richard Wagner, baptisé par ses amis *le musicien de l'avenir*, a fait entendre plusieurs de ses compositions hier au soir dans la salle du Théâtre-Italien. Aucun journaliste n'ayant été convié à la fête, on conçoit notre embarras pour exprimer une opinion consciencieuse et motivée.

Des juges compétents avaient défini M. Richard Wagner « un Berlioz moins la mélodie. » Nous ajoutons : et moins la politesse.

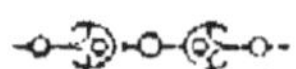

27 janvier. — La cour impériale, chambres réunies, était saisie de la demande en réhabilitation formée par M. Adolphe Sax, fabricant d'instruments, qui, à la suite de nombreux procès qu'il a eu à soutenir contre ses contrefacteurs, s'était vu dans la nécessité de se déclarer en faillite. M. Sax ayant justifié du payement intégral de ses créanciers et aucune opposition ne s'étant produite, la cour a prononcé la réhabilitation.

Guéri de deux cancers en moins d'un an, notre ami Sax est décidément en veine. Nous constatons, avec un plaisir mêlé d'étonnement, que l'interne Fauvel ne s'est pas opposé à la réhabilitation.

— On déblaye les abords de la mairie du Ier arrondissement, et l'on dégage cette façade, pastiche étrange, en style de la renaissance, des constructions des XIIIe et XVe siècles de l'église Saint-Germain-l'Auxerrois. On a placé sur le pignon une statue ailée écrivant sur des tablettes, qui fait pendant à l'ange sonnant de la trompette, placé au faîte de l'église.

Si vous me demandez ce que représente cette statue ailée, écrivant sur des tablettes, qu'on a juchée sur le faîte d'une mairie, je vous répondrai :

— C'est l'ange de l'état civil.

— Grande joie à l'Opéra-Comique! Notre spirituel directeur, Nestor Roqueplan, conserve les rênes de son gouvernement.

Ses actionnaires se sont RECAVÉS.

— M. de Chilly n'est pas à plaindre. Le *Marchand de Coco* et Frédérick-Lemaître ont fait l'autre soir leurs petits 800 fr.

Allons! allons! il y a encore de beaux jours pour la France!

— Le directeur politique du *Siècle*, M. L. Havin, a donné cette semaine un grand dîner fusionniste.

Parmi les convives, quelques-uns ont dû être passablement étonnés de communier à la même table sous les espèces d'une volaille truffée.

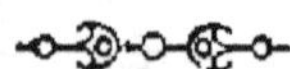

28 janvier. — Le vénéré saint Charlemagne a ouvert à deux battants les portes de tous les lycées, et, depuis ce matin, Paris est encombré de képis crânement posés sur l'oreille et de tuniques bleues coquettement serrées à la taille par des ceinturons de cuir verni astiqués avec amour.

Tandis que les petits se font conduire au Jardin-des-Plantes, aux Tuileries et au bois de Boulogne, les grands se glissent furtivement dans des bureaux de tabac et achètent, moyennant vingt-cinq centimes, le droit précieux de se procurer un affreux mal d'estomac.

Le cigare aux dents, voyez-les se diriger par groupes vers le passage obscur qui joint les galeries de l'Opéra à la rue Drouot, et dans lequel est située la porte sévèrement défendue qui donne accès dans les coulisses de l'Académie de musique. Qui les amène? L'enivrant espoir de voir entrer et sortir les demoiselles du chant et de la danse.

Plusieurs ont préparé des billets incendiaires destinés à Mlles Schlosser et Pilvois, et se sont juré à eux-mêmes qu'ils les feraient parvenir à leur adresse. Mais, à la minute suprême, le courage leur fait défaut, et ils se contentent d'envoyer de loin des baisers à leur idole, en ayant soin de guetter l'instant où l'idole regarde d'un autre côté.

— Grand bal chez le baron de Rothschild, dans sa magnifique demeure de la rue Laffitte.

Cette fête donne lieu à la petite comédie suivante :

Plusieurs individus qui n'ont point été invités et qui brûlent du désir de persuader à leurs concitoyens qu'ils ont leur invitation dans leur poche, se montrent successivement à Tortoni, au café du Helder, au café Riche, où ils apparaissent dans une toilette éblouissante.

Si quelqu'un leur dit :

— Comme vous voilà beaux !

Ils répondent modestement :

— Nous allons chez le baron.

Finalement, ils vont au bal de l'Opéra

et disent à tous les dominos dont ils pincent la taille :

— Nous sortons de chez le baron.

— Mademoiselle Déjazet, qui avait prêté le concours de son talent à une représentation à bénéfice donnée au Palais-Royal, et dans laquelle elle jouait le *Mariage enfantin*, a été sifflée à son entrée en scène par deux siffleurs anonymes. Un tel accueil à une telle artiste, c'est plus que bête et malséant : c'est ignoble.

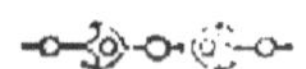

29 janvier. — On sait qu'une souscription est ouverte chez MM. Peragallo et Guyot, agents généraux de la Société des auteurs dramatiques, en faveur de mademoiselle Marie Trochu, une des petites-filles de Racine. Les journaux publient la première liste. Les sommes recueillies jusqu'à ce jour dépassent 23,000 fr.

Dans ce total figure pour 200 fr. un de nos vaudevillistes les plus féconds et les plus spirituels, M. Eugène Labiche, et comme un de ses confrères le félicitait de l'ampleur de sa souscription, l'auteur du *Chapeau de paille d'Italie* a répondu :

— Si Racine n'avait fait que des tragédies, je me serais inscrit pour dix francs à contre-cœur, parce qu'il faut bien se garder d'encourager les tragiques ; mais Racine a fait *les Plaideurs*, et c'est avec enthousiasme que j'ai donné dix louis.

Puissent MM. Viennet, Ponsard et Latour Saint-Ybars pardonner à leur confrère une si épouvantable hérésie et des principes si abominablement subversifs !

M. Scribe s'est inscrit pour mille francs.

Voilà un acte en faveur d'une fille de quinze ans qui vaut mieux à lui seul que les quatre actes de *La Fille de trente ans*.

— On voit stationner en ce moment, devant la porte des artistes du théâtre du Vaudeville, et pendant l'heure des répétitions, trois équipages de très bonne mine et du meilleur air, qui sont :

L'équipage de mademoiselle Delphine Marquet ;

L'équipage de mademoiselle Blanche Pierson ;

Et l'équipage de mademoiselle Dinah Félix ;

Auxquels, si l'on écoutait les cancans du foyer, s'en joindrait bientôt un quatrième :

Ce nouvel équipage serait, dit-on, le payement d'une *Dette de Cœur*.

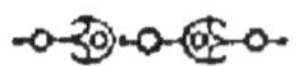

30 janvier. — Rendant compte d'un procès entre M. Georges Cabel, professeur de chant, et Mme Marie Cabel, artiste de l'Opéra-Comique, les journaux judiciaires nous apprennent que M. Cabel s'appelle en réalité

« M. Cabu. » Quant à Mme Cabu, dite Cabel, son nom de demoiselle était Marie Drôlette.

M. Cabel a obéi à une heureuse inspiration lorsqu'il a changé la dernière syllabe de son nom. Autant *bel* est joli, autant *bu* est affreux ; et nous sommes sincèrement d'avis que cette transformation n'est pas étrangère au succès de la charmante héroïne du *Bijou perdu.*

Voyez-vous d'ici l'effet produit sur une affiche par ces mots :

POUR LES DÉBUTS DE Mme CABU.

L'œil distrait des passants eût lu *Camu* là où il y avait *Cabu;* et de là à baptiser Mme Cabel Mme Camus, et, le lendemain, « la mère Camus, » il n'y avait qu'un pas : le public l'eût bientôt franchi.

De ce procès, perdu en première instance par le mari, malgré les conclusions favorables de l'avocat impérial, M. Try, on peut conclure que l'harmonie est diablement troublée dans ce ménage lyrique. Après avoir chanté un long duo d'amour, de confiance et de tendresse, on en est venu à chanter un morceau à trois voix. — Et dire que c'était déjà comme ça dans le paradis terrestre, où Adam, Ève et le serpent inventèrent l'opérette conjugale à trois personnages!

— Quoique toutes les chances paraissent assurées en faveur de l'élection du Père Lacordaire, il n'en continue pas moins chez ses futurs collègues les visites officielles que l'usage et la tradition imposent obligatoirement à tous les candidats au fauteuil académique.

Revêtu de sa longue robe blanche, le Père Lacordaire est entré aujourd'hui au n° 2 de la rue des Pyramides et a sonné à la porte de M. Émile Augier, qui était sorti.

Lorsque l'auteur des *Lionnes pauvres* est rentré chez lui, son valet de chambre, quelque peu cousin de Calino, lui a dit gravement :

— Il est venu un Turc pour voir monsieur.

—La fille unique de M. Mirès se trouvait, il y a trois mois, à Marseille, où sa vie fut gravement menacée par une fièvre typhoïde.

Nous apprenons de source certaine que le « prince de la science » qui est venu passer quatre heures au chevet de la jeune malade a reçu 10,000 fr., et que le médecin qui lui a donné ses soins jusqu'à parfait rétablissement a reçu 30,000 fr.

Nous aimons cette tendresse paternelle qui ne marchande pas avec les sauveurs d'une tête adorée.

— La mort de S. A. la grande-duchesse de Bade ajourne la fête que le prince Napoléon devait donner ce soir dans son petit palais romain de l'avenue Montaigne.

A cette occasion, la Cour prend le deuil pour vingt et un jours.

— Par décret inséré au *Moniteur*, le journal *l'Univers religieux* est supprimé.

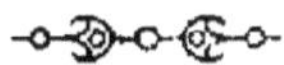

31 janvier. — On a dit avec raison qu'il y a de l'écho en France toutes les fois qu'on parle d'honneur. Parlez d'infortunes à soulager, de misères à secourir, et tout aussitôt l'écho généreux vibrera dans toutes les poitrines.

Les rédacteurs du *Figaro* expriment respectueusement à M. le préfet de police leur vive gratitude pour la lettre ci-dessous, qu'il a bien voulu leur adresser :

« Monsieur,

» Je vous remercie d'avoir bien voulu m'inviter, au nom de MM. les rédacteurs du *Figaro*, au bal que vous donnez dans les salons du Casino. Mais cela ne me satisfait pas entièrement ; je veux concourir à votre bonne œuvre, et je vous prie de m'adresser dix d vos billets payants.

» Agréez, monsieur, l'assurance de mes sentiments aussi dévoués que distingués,

» *Le Préfet de police,*

» Boittelle. »

— Le général Garibaldi met le sceau à sa réputation de bravoure et de courage.

Il unit sa moustache grise aux boucles blondes d'une jeune fille de dix-neuf ans !

Ce brave général!

— La joie est dans nos cœurs, nous recevons à l'instant du n° 8 de la rue Saint-Georges une pièce d'un franc que nous envoie notre premier souscripteur. — Suivez! suivez le monde!

PIERRE et JEAN.

Une petite fille écrivant un jour à son père terminait ainsi sa lettre :

« Papa, je ne t'en écris pas plus long, parce que je ne sais plus quoi mettre. »

Et, sans plus de cérémonie, elle laissa la dernière page en blanc.

Ah ! si nous pouvions en user aussi librement que cette spirituelle jeune fille !

On nous apporte nos épreuves ; il faut donner *le bon à tirer* et nous voyons avec consternation qu'il reste cinq pages à remplir.

Comment faire ?

Notre mois est fini ; ce n'est pas notre faute si ce pingre de janvier n'a pas trente cinq jours.

Nous allons, si vous le voulez bien, terminer notre volume par quelques *nouvelles à la main*, et nous vous supplions de ne pas nous demander leur acte de naissance.

Que nos lecteurs se rassurent : ce

petit malheur ne se renouvellera pas, et nous avons conçu pour nos prochains volumes, un projet qui réunira l'utile à l'agréable.

Qui achètera verra.

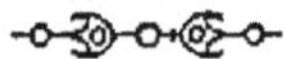

Un chanteur de l'Opéra-Comique avait eu la maladresse d'accepter une invitation à dîner chez M. J... Au dessert, — quel genre! — on prie l'artiste de chanter; il s'y refuse, la maîtresse de maison insiste, il persiste.

— Mais vous ne pouvez pas refuser, monsieur, dit madame J...

— Pardon, madame, j'ai si peu mangé!

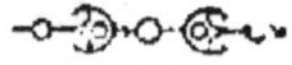

Quand Louis-Philippe, alors duc d'Orléans, choisit pour bibliothécaire Casimir Delavigne, il laissa au poète l'emploi de son temps, si bien que celui-ci continua de vivre à Pressigny, dans sa maison de campagne dela Madeleine, à laquelle il a adressé de si charmants adieux.

— Nous sommes voisins, monsieur Delavigne? dit un jour Louis-Philippe à son protégé.

— Mes croisées, répondit l'interpellé, ouvrent sur l'un des parcs de Votre Altesse Royale, mais le fourré est épais et inculte, les allées sont éloignées de ma maison, la promenade m'y est donc impossible.

— C'est dommage, reprit le duc; et la conversation en resta là.

Quinze jours après, Casimir Delavigne, arrivé de nuit à Pressigny, ayant, au matin, ouvert sa fenêtre, découvrit une magnifique allée nouvellement tracée dans le parc et qui faisait face à sa maison; une petite porte neuve donnait entrée. Au déjeuner, le jardinier vint lui en apporter la clef avec ce billet :

« Je veux, mon cher poète, que vous puissiez prendre de l'exercice devant votre maison.

» L.-P. d'Orléans. »

Un ténor débutait à Dijon dans le rôle d'Arnold, de *Guillaume Tell*. Il chantait avec des fioritures qu'eût enviées un mirliton :

« J'appelle, il n'entend pas ma voix,
» J'appelle, il n'entend pas ma voix ! »

quand, du fond du parterre, une grosse voix lui cria :

— Je voudrais bien être dans le même cas...

Et, devant l'hilarité générale, Arnold plia bagage et partit pour d'autres cantons.

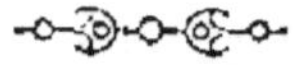

Le langage des fleurs est bien *rococo;* la lucidité des *tables tournantes* n'est plus qu'une folie de l'autre monde, prise au sérieux tout au plus par quelques concierges retardataires. Mais rassurez-vous, amants du merveilleux ! voici une invention récente, qui prouve que la nature inerte conservera toujours son langage mystérieux et charmant, que comprend et que parle à *livre ouvert* la franc-maçonnerie des amours.

Une jeune et jolie marchande de denrées coloniales du quartier latin s'était éprise d'un bel étudiant, logé à l'entre-sol, de l'autre côté de la rue. Œillades et sourires, baisers lancés à toute vapeur sur le chemin de fer du zéphyr (*aller et retour*), ce couple avait tout épuisé et n'était pas plus avancé pour cela. L'étudiant n'imaginait rien. — Les hommes sont si bêtes !

Un matin, qu'il avait bravement recommencé, à la fenêtre de son entre-sol, sa faction de douze heures, sa portière vint lui remettre mystérieusement un paquet plié et cacheté. Il l'ouvre avec un battement de cœur indicible, et il trouve, devinez quoi ? Un cornichon dans un sac de macaroni.

Avec la double-vue de l'amour, il comprit sur-le-champ que cela voulait dire :

— MON MARI VA FILER.

Ci-joints les autographes de M. Victor Séjour, l'auteur de *la Tireuse de cartes,* de M. Alphonse Karr, l'auteur de *la Pénélope normande*, les deux succès dramatiques du mois et ceux des trois interprètes principales de M. Victor Séjour.

La famille, c'est la société en petit, l'humanité, c'est l'État en grand.

(Préface de la Tireuse de cartes.)

Victor Séjour

Mes deux mères me troublent tellement pendant les cinq actes de la Tireuse de Cartes qu'il me reste à peine la force de signer mon nom.

Léa Félix

Cher monsieur de Villeneu

Vous m'avez demandé de

mots : les voici : pardon

moi s'il sont insignifian

songez que je cherche m

fille tous les soirs et q

je ne la retrouve qu'apr

ses actes de désespoirs

de larmes.

Prenez ma fatigue

pitié !

Votre toujours bien

dévouée

Marie Laurent

Mon cher Figaro
veux-tu des nouvelles?
Flaubert appelle
Claudin le dernier
[illegible] du [illegible].

=

Marc Fournier dit qu'un
amant trompé doit se
donner la mort.

=

moi je termine en
saluant les femmes
qui ont beaucoup de
principes pour qu'elles
puissent en changer.
à toi
Suz Lagier

Minuit succès
le public deman[de]
l'auteur — l'auteu[r]
se sauve, chère
Jeanne, pour
t'embrasser, hélas
télégraphiquement.
Vendredi 13.

Alph Kar[r]

PARIS, IMP. DE DUBUISSON ET Cie, RUE COQ-HÉRON, 5.

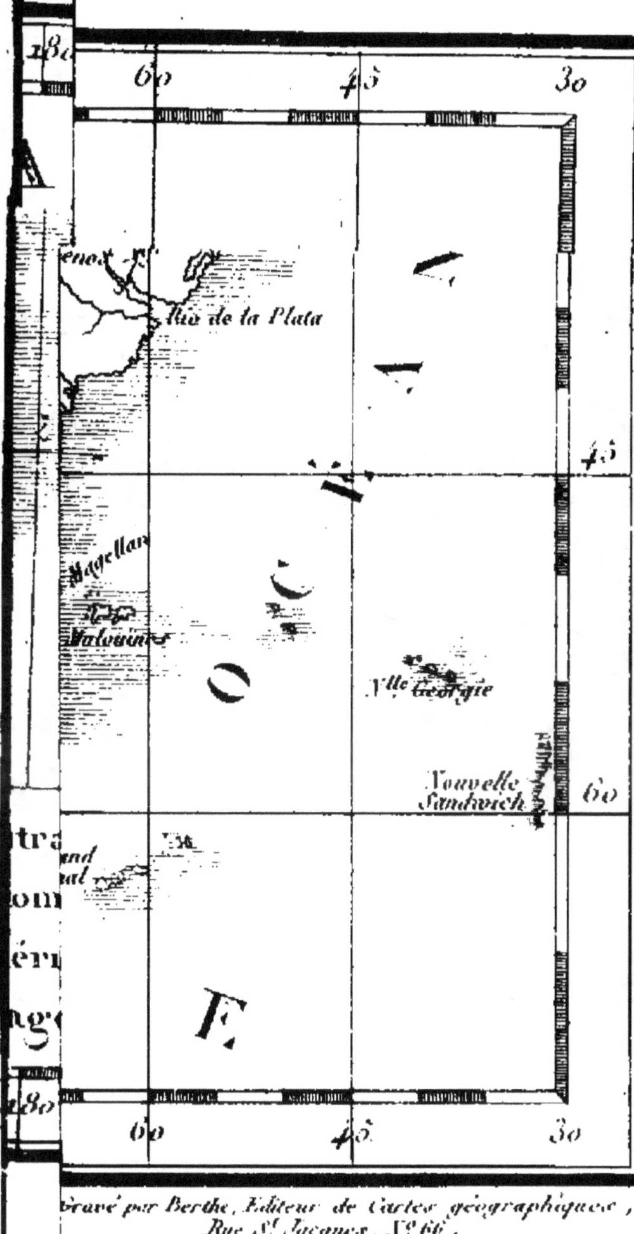
60
45
30
Rio de la Plata
Magellan
Malouines
Nlle Géorgie
Nouvelle
Sandwich
45
60
60
45
30
ravé par Berthe, Editeur de Cartes géographiques,
Rue St Jacques, No 66.

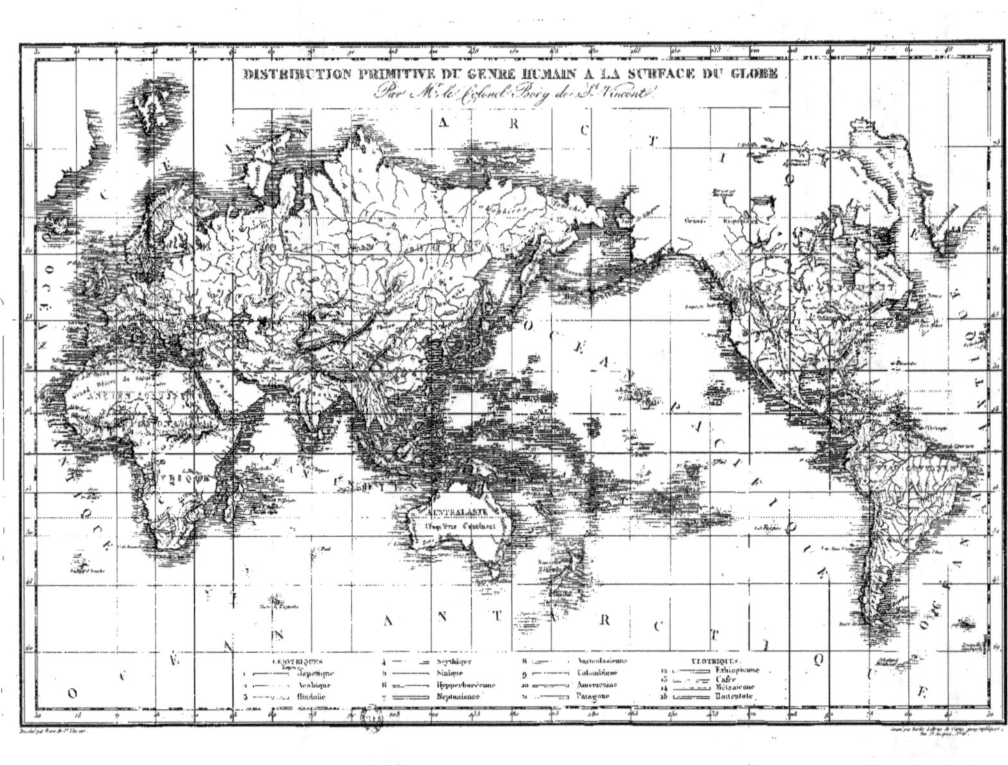
DISTRIBUTION PRIMITIVE DU GENRE HUMAIN A LA SURFACE DU GLOBE
Par Mr. le Colonel Bory de St. Vincent
AUSTRALASIE
ANTARCTIQUE
Japétique
Arabique
Hindoue
Scythique
Sinique
Hyperboréenne
Neptunienne
Australasienne
Colombique
Américaine
Patagone
Éthiopienne
Cafre
Mélanienne
Hottentote

www.ingramcontent.com/pod-product-compliance
Lightning Source LLC
LaVergne TN
LVHW020031170826
845678LV00001B/212

* 9 7 8 2 3 2 9 7 3 1 6 6 7 *